U0506381

# 新时代西藏人权事业的发展与进步

## （2025 年 3 月）

中华人民共和国
国务院新闻办公室

人民出版社

# 目　　录

# 前　　言

实现人人充分享有人权，是人类社会的共同追求，也是包括西藏各族人民在内的全体中国人民的奋斗目标。

中国共产党和中国政府始终重视西藏工作，不断丰富和发展治藏方略，采取切实有力举措，发展经济，改善民生，增进人民福祉，促进民族团结进步，充分保障西藏各族人民的基本权利。

党的十八大以来，以习近平同志为核心的党中央，坚持把尊重和保障人权作为新时代党的治藏方略的重要内容，融入西藏工作的全过程各方面，奉行以人民为中心的人权理念，坚持以发展促人权，大力推进全过程人民民主，不断加强人权法治保障，协调增进公民权利和政治权利以及经济、社会、文化权利，努力促进人的全面发展和各族人民共同富裕，推动西藏人权事业取得全方位进步、历史性成就。

今天的西藏，政治安定、民族团结、经济发展、社会和谐、宗教和顺、环境友好、人民安居乐业，创造了雪域高原上的人权保障奇迹。

# 一、西藏人权事业波澜壮阔的发展历程

西藏人权事业的发展,与当代中国发展进程相统一,是中国特色社会主义发展的必然结果。以西藏和平解放为起点,中国共产党团结带领西藏各族人民为争取人权、尊重人权、保障人权、发展人权不懈努力,西藏人民的生存权、发展权和其他各项基本权利保障不断向前推进。

## ——和平解放奠定西藏人权事业发展根基

1951年和平解放之前的旧西藏,是世界上侵犯人权最为严重的地区之一。广大农奴和奴隶生命安全得不到保障,没有人身自由、财产自由和思想自由,根本谈不上做人的权利。政教合一的封建农奴制以及帝国主义侵略、奴役西藏和煽动"西藏独立"的图谋与行径,使西藏人民的生存权得不到保障,发展权难以实现。

政教合一的封建农奴制粗暴践踏人的尊严,严重窒息社会生机和活力。占总人口95%以上的农奴和奴隶一无所有，只能依附于农奴主，无条件服从命令和要求。农奴主可以随意买卖、转让、赠与、交换农奴和奴隶，也可以对他们施加剜目、割舌、砍手、剁足等酷刑。农奴和奴隶的生死、婚姻、迁徙等都受到农奴主的控制，承受着沉重的赋税、劳役和高利贷盘剥，成年累月辛勤劳动，却连温饱也得不到保障。

近代以来，英国两次武装入侵西藏，严重破坏中国的主权和领土完整，践踏西藏人民的生存权，损害西藏人民的经济社会等各项权利。帝国主义势力一手炮制所谓"西藏独立"问题，干涉中国内政，扶植西藏地方分裂势力，对抗中央政府。历史证明，所谓"西藏独立"问题完全是帝国主义侵略中国的产物。

1951年5月23日，中央人民政府和当时的西藏地方政府全权代表在北京签订了《中央人民政府和西藏地方政府关于和平解放西藏办法的协议》（简称《十七条协议》），宣告西藏和平解放，使西藏摆脱了帝国主义势力的侵略及其政治、经济羁绊，有力维护了中国的国家主权、统一和领土完整，为西藏与全国一起实现共同进步和发展创造了基本前提，为西藏人权事业的发展奠定了坚实基础。

## ——民主改革实现西藏各族人民当家作主

和平解放后,中央对西藏投入大量财力、物力和人力支持,推动了西藏经济、社会、文化事业发展。然而,西藏反动上层为了维护农奴主阶级的既得利益和特权,根本反对改革,企图永远保持封建农奴制,蓄意破坏《十七条协议》,策划实施了一系列分裂祖国的活动,并于1959年3月10日发动全面武装叛乱,图谋把西藏从祖国分裂出去。为维护国家统一和西藏人民的根本利益,中央人民政府采取果断措施,与西藏人民一道坚决平息了叛乱,并进行了一场彻底摧毁封建农奴制度的民主改革运动。

民主改革废除了政教合一制度,实现了政教分离,西藏社会制度发生了根本性变化;废除了生产资料封建领主所有制,确立了农牧民个体所有制;废除了对"三大领主"的人身依附,农奴和奴隶获得人身自由和法律上的平等地位。随后西藏各地开展普选,选举产生了基层各级权力机关和政府,广大农奴和奴隶彻底改变了昔日"会说话的工具"的地位,第一次获得了当家作主的民主权利,成为新西藏的主人。1965年9月,西藏自治区成立,西藏实现从政教合一的封建农奴制转向人民民主的社会主义制度的历史性跨越,开始全面实行民族区域自治制度,大批翻身农奴和奴隶担任了自治区各级政权机关的领导职务。民主改革是推动西藏社会发展和人权进步的划时代重大历史事件,也是人类文明发展史和世界人权史上具有重大意义的进步。

## ——改革开放为西藏人权事业发展注入强大动力

改革开放极大地解放和发展了社会生产力,也为西藏人权事业发展注入了强大动力,西藏在改革开放的广阔天地中走上了与全国同步发展的轨道,各项人权迈上了高速发展的快车道。

从改革开放至党的十八大召开前,党中央根据西藏实际,先后召开了五次西藏工作座谈会,适时确定了新时期西藏工作的指导思想、主要任务和发展规划,确立了西藏从加快发展到跨越式发展再到在科学发展的轨道上推进跨越式发展、从基本稳定到长治久安的战略目标。制定了一系列加快西藏发展的特殊优惠政策和措施,形成了国家直接投资建设项目、中央政府实行财政补贴、全国进行对口支援的全方位支持格局,有力推动了西藏经济发展和社会进步,显著提高了西藏人民的生活水平,充分保证了民族区域自治权利的实现。

## ——新时代开启西藏人权事业全面发展新篇章

党的十八大以来，以习近平同志为核心的党中央心系西藏各族人民，从全面建成小康社会、实现"两个一百年"奋斗目标和中华民族伟大复兴的中国梦的总要求出发，制定了西藏发展和稳定的大政方针。习近平总书记亲自为西藏工作把舵定向、谋篇布局，党中央先后召开第六次、第七次西藏工作座谈会，明确新形势下西藏工作的指导思想和目标任务，确立了新时代党的治藏方略，规划实施了中央政府支持西藏的一大批重点建设项目，制定了惠及西藏各族人民的一系列特殊优惠政策，开启了西藏人权事业全面发展新篇章。

在以习近平同志为核心的党中央坚强领导下，西藏各族干部群众团结一心、艰苦奋斗，西藏人权事业取得全方位进步、历史性成就。新时代的西藏，社会大局持续稳定向好、经济建设全面快速发展、人民生活水平不断提高、民族和睦宗教和顺、文化事业繁荣进步、生态安全屏障日益坚实、依法治藏全面推进，西藏各族人民与全国人民一道迎来了从站起来、富起来到强起来的伟大飞跃，踏上了全面建设社会主义现代化国家新征程。

在推进西藏人权事业发展的实践中,中国共产党和中国政府把马克思主义人权观同中国具体实际相结合、同中华优秀传统文化相结合,总结团结带领西藏各族人民尊重和保障人权的成功实践,积累了推动西藏人权事业发展的基本经验:

坚持中国共产党领导。全心全意为人民服务是中国共产党的根本宗旨,中国共产党始终代表最广大人民根本利益,与人民休戚与共、生死相依。尊重和保障人权是中国共产党人的不懈追求。西藏人权事业能取得全方位进步、历史性成就,最根本的是有中国共产党的坚强领导。只有坚持中国共产党的领导,才能真正实现和保障西藏人民当家作主,才能维护好、发展好西藏人民的根本利益,才能为西藏的长治久安和高质量发展提供根本保证。

坚持尊重人民主体地位。人民性是中国人权发展道路最显著的特征。人权不是一部分人或少数人享有的特权,而是广大人民群众享有的普惠性人权。中国共产党和中国政府坚持以人民为中心的人权理念,充分激发西藏各族人民积极性、主动性、创造性,让人民成为人权事业发展的主要参与者、促进者、受益者。

坚持从西藏实际出发。中国共产党和中国政府立足西藏实际,走中国特色、西藏特点的发展路子,抓好稳定、发展、生态、强边四件大事,把改善民生、凝聚人心作为经济社会发展的出发点和落脚点。坚持所有发展都赋予民族团结进步的意义,都赋予维护统一、反对分裂的意义,都赋予改善民生、凝聚人心的意义,都有利于提升各族人民的获得感、幸福感、安全感。

坚持以生存权、发展权为首要的基本人权。生存是享有一切人权的基础,人民幸福生活是最大的人权。中国共产党和中国政府坚持以人民为中心的发展思想,把保障西藏人民的生存权、实现西藏人民的发展权作为第一要务,坚持发展为了人民、发展依靠人民、发展成果由人民共享,着力解决西藏各族人民最关心最直接最现实的利益问题,着力解决发展不平衡不充分问题,努力实现更高质量、更有效率、更加公平、更可持续、更为安全的发展。

坚持以安全守护人权。西藏是重要的国家安全屏障和生态安全屏障,是维护祖国统一,反对民族分裂的重点地区。中国共产党和中国政府把维护祖国统一、加强民族团结作为西藏工作的着眼点和着力点,把反分裂和维护国家安全作为保障民生的基础工作,推动西藏社会大局持续稳定向好,确保边疆巩固、边境安全,以安全稳定的环境为人权事业发展创造良好条件,奠定坚实基础。

坚持依法保障人权。法治是人权最有效的保障。西藏坚持依法治藏,维护宪法法律权威,坚持和完善民族区域自治制度,实现西藏各族人民当家作主,享有平等参与管理国家事务和自主管理本地区、本民族事务的权利。坚持法律面前人人平等,把尊重和保障人权贯穿西藏立法、执法、司法、守法各个环节,不断提升西藏人权法治化保障水平,维护社会公平正义。

# 二、全过程人民民主广泛
# 真实管用

中国共产党和中国政府坚持将民主价值和理念转化为科学有效的制度安排和具体现实的民主实践,全面发展全过程人民民主,保障人民参与民主选举、民主协商、民主决策、民主管理、民主监督,人民当家作主的内涵不断丰富、渠道不断拓宽、效能不断提升,西藏人民依法享有更加广泛充分、真实具体、有效管用的民主权利。

## ——民族区域自治制度全面实行

民族区域自治制度保障西藏各族人民充分享有自主管理本地区、本民族事务的权利。根据《中华人民共和国民族区域自治法》规定,西藏自治区人民代表大会常务委员会中有藏族公民担任主任或副主任,自治区主席由藏族公民担任。目前,西藏省级少数民族干部有 26 名,地厅级少数民族干部有 512 名,地(市)、县(区、市)党政正职由一定数量的少数民族干部担任,乡镇(街道)党政班子中少数民族干部占 57.17% 以上。在山南、林芝、昌都三市人口较少民族聚居区共设立 8 个民族乡,其中门巴族乡 5 个、珞巴族乡 3 个,依法保障西藏各族人民平等参与管理地方事务的政治权利。

## ——选举权和被选举权严格保障

在西藏,年满 18 周岁的公民依法享有选举权和被选举权,依照宪法和法律规定,各民族公民直接选举县(区、市)、乡(镇)人民代表大会代表,在此基础上逐级选出市、自治区和全国人民代表大会代表,参与管理国家和地方事务,民主选举具有广泛性、平等性、真实性、发展性。党的十八大以来,西藏进行的两次县、乡换届选举中,90% 以上的选民参加了县、乡直接选举,有些地方参选率达到 100%。当前,西藏共有四级人大代表 42153 名,藏族和其他少数民族占 89.2%,与 2016 年换届选举相比,2021 年换届选举中增加县乡人大代表名额近 6500 名。西藏自治区第十二届人民代表大会共有 428 名代表,藏族和其他少数民族代表共 280 人,占 65.42%。西藏共有 25 名第十四届全国人民代表大会代表,其中藏族和其他少数民族代表 17 名,占

68%,门巴族、珞巴族等人口较少民族也有自己的代表。实行基层群众自治,严格规范村(居)民大会和选举委员会组建、选民登记、推荐提名、候选人确定、投票选举等环节,2021年圆满完成5535个村(社区)"两委"换届选举工作。

## ——知情权和参与权充分保障

信息公开持续推进。西藏各级政府不断完善政务公开制度体系,推进重点领域信息公开。通过政府门户网站、政务新媒体、政府公报等载体,围绕社会关切,发布相关文件,做到法定主动公开内容全部公开。为健全村务公开制度,2019年西藏自治区人民政府颁布《西藏自治区村务公开办法》,要求村委会通过村务公开栏、村民代表会议、网络、广播、手机短信、微信、"明白卡"等途径实现村务公开全覆盖。

民主参与形式和渠道不断丰富。西藏自治区人大常委会在全区设立10个基层立法联系点,将其建成广泛联系群众、践行全过程人民民主的重要载体。完善人大代表联系人民群众工作办法,支持和鼓励各级代表广泛深入联系和接待选民,围绕乡村振兴、农牧民增收、非公有制经济发展、高校毕业生就业等重点工作,倾听群众心声,帮助解决问题。截至 2024 年底,西藏共创建 790 个"人大代表之家",所有村(社区)都设有人大代表联络站、人大代表联系群众活动室,为人民群众反映社情民意提供有效平台,人民代表大会闭会期间代表履职活动更加常态化、规范化、制度化。完善农村村民代表会议、城市社区居民代表大会、职工代表大会制度,健全基层选举、议事、公开、述职、问责等机制,推动基层民主实践更加广泛真实生动。

协商民主作用得到充分发挥。西藏各级政协组织坚持党的领导、统一战线、协商民主有机结合,创新协商形式、丰富协商内容、搭建协商平台,广泛吸收各族各界人士参政议政,形成以政协全体会议为龙头,专题议政性常委会会议和专题协商座谈会为重点,提案办理协商、界别协商、对口协商等为常态的协商议政格局。29 名住藏全国政协委员中,少数民族委员占比 93.1%。政协第十二届西藏自治区委员会共有委员 429 名,其中党外委员占比 59.91%。74 个县(区、市)政协组织全覆盖,政协委员超过 8000 名,其中 85% 是少数民族。政协西藏自治区委员会在 2013 年至 2024 年间共收到提案 5095 件,立案 4920 件,办复率 100%;2018 年至 2024 年间形成报告、决议、倡议书 159 份。

## ——表达权和监督权有效保障

表达和监督渠道更加多样化。西藏在办好广播、电视、报纸、杂志等传统媒体的同时，创建各种形式的网络平台，不断拓展公民的表达渠道。规范开展政务服务监督举报和评估评价，开通"12345"政务服务便民热线，及时回应社会关切。推动《信访工作条例》贯彻落实，各级领导干部带头接待群众来访，主动下基层接访，打通服务群众的"最后一公里"。积极拓宽网上信访制度，形成信访事项网上办理、网上流转的工作机制。2022年3月，西藏自治区信访局推出"藏易访"等微信公众号和手机APP，网上信访更加方便更受欢迎。

民主监督更加全面。西藏自治区充分发挥人大监督、法律监督、信访举报、政协民主监督、社会舆论监督等的作用。2018年至2024年，西藏自治区人大及其常委会听取和审议相关工作报告199项，检查59件（次）法律法规的实施情况，组织开展调研146次，提出有关意见建议1296条；组织在藏全国人大代表和自治区人大代表参与执法检查、专题调研和集中视察975人次，保障各族人民合法权益得到维护和实现。2018年至2024年，西藏自治区政协省级领导带队开展专题监督检查 49 次,发现并协调解决问题 353 个。组织政协委员紧扣群众关心的热点和社会治理的难点深入调研,以提出意见、批评、建议等方式开展民主监督。拉萨融媒开通《问政拉萨》栏目,聚焦人民群众"急难愁盼"问题和社会普遍关注的民生问题进行问政、展开监督。

# 三、经济社会权利保障水平全面提升

西藏坚持以发展促人权,完整、准确、全面贯彻新发展理念,通过发展全面提升经济社会权利保障水平,西藏人民的适当生活水准权、受教育权、工作权、健康权、社会保障权得到更充分保障。

## ——适当生活水准权保障显著提高

绝对贫困得到历史性消除。西藏曾经是全国贫困发生率最高、贫困程度最深、扶贫成本最高、脱贫难度最大的深度贫困地区。党的十八大以来,西藏坚持精准扶贫、精准脱贫基本方略,大力实施产业发展、易地搬迁、生态补偿、教育发展、社会保障兜底等脱贫措施,截至 2019 年底,累计实现62.8 万建档立卡贫困人口全部脱贫。此后,党和政府继续实施乡村振兴战略,巩固拓展脱贫攻坚成果,2024 年,西藏脱贫人口人均纯收入增长 12.5% 以上。

适足住房权得到保障。2006 年至 2024 年,中央和西藏共下达补助资金 372.63 亿元,不断增加保障性住房供给。在城镇,建设公共租赁住房(廉租房)16.19 万套、周转房 9.58 万套、棚户区改造 24.26 万套、保障性租赁住房 0.14 万套。每年约 1 万人享受城镇住房保障家庭租赁补贴。在乡村,开展生态保护搬迁、易地扶贫搬迁和农村危房改造等重点工程。在前期完成 46 万多户农牧民住房改善工程的基础上,2016 年以来,又完成 11.08 万户农村危房改造和抗震改造,48.66 万户农村房屋安全隐患排查整治,确保农牧民住房安全。2024 年,农村居民人均住房建筑面积达到 41.32 平方米,较 2012 年增加 11.74 平方米。西藏各族人民普遍实现了住有所居、居有所安。

改善交通便利居民出行。2012 年至 2024 年,西藏累计完成公路交通固定资产投资 4019.25 亿元,建设一批交通重点工程。西藏铁路运营里程从 2012 年的 701 公里增加到 2024 年的 1359 公里。国际国内航线达到 183 条,通航城市 78 个。公路总里程从 2012 年的 6.52 万公里增加到 2024 年底的 12.49 万公里。农村、山区公路条件全面改善,截至 2024 年底,乡镇、建制村通达率达 100%,通畅率分别达 97.99% 和 86.05%。2012 年至 2024 年,农村公路里程从

5.32 万公里增加到 9.48 万公里,高等级公路里程从 38 公里增加到 1196 公里。所有县(区、市)、623 个乡镇、3869 个建制村通客车。交通便民举措更有温度,西藏 7 地(市)与全国 329 个城市公交一卡通实现互联互通,全面实行 60 岁以上老年人乘坐公交车免费政策。

用电难问题得到根本性解决。2011 年以来,西藏重点解决无电地区电力建设,并着力发展水能、太阳能、风能等清洁能源,清洁能源装机占比超过 95%。2020 年 12 月,平均海拔超过 4500 米的阿里联网工程建成投运,实现了建设西藏统一电网以及大电网对全区 74 个县(区、市)与主要乡镇全覆盖的目标。用电人口从 2012 年的 175 万人增加到 2024 年的近 350 万人,供电可靠率达到 99.6%。2024 年西藏人均电力消费 4404.8 千瓦时,相较 2012 年同比增长 162.89%。

电信普惠服务向好向优发展。西藏持续推进数字西藏、智慧西藏建设,截至 2024 年,西藏所有行政村实现光纤和 4G 网络通达,10G PON 及以上端口规模达 8.1 万个,千兆光纤网络覆盖 287 万户家庭,固定互联网宽带接入用户 159.2 万户。5G 基站总数达 17881 个,实现所有乡镇、70% 的行政村通达 5G 网络,移动互联网用户达 331.4 万户,5G

移动电话用户达 214 万户,占移动电话用户总数的 60.5%。移动流量资费水平从 2015 年末的 128.1 元/G 下降至 2024 年末的 1.8 元/G,降幅达到 98.6%。城乡居民普遍享用快速优质的信息服务,促进了信息平等共享。

### ——受教育权保障更加充分

教育保障水平不断提升。西藏积极顺应各族人民对教育高质量发展的期待,2012 年以来,先后 11 次提高对农牧民子女和城镇困难家庭子女"包吃、包住、包基本学习费用"经费标准,目前年生均标准达到 5620 元(含营养改善计划资金 1000 元)。2014 年至 2024 年,西藏累计投入财政性教育经费 3022.5 亿元。截至 2024 年,西藏共有各级各类学校 3618 所,教职工 9.66 万名,在校生总数达到 97 万人,超过西藏总人口的 1/4。2024 年投入建设资金 2.54 亿元,新建、改扩建幼儿园 25 所,建立起了地(市)、县、乡、村四级学前教育公共服务网络,目前西藏共有 2474 所幼儿园。持续实施中西部欠发达地区优秀教师定向培养计划、中小学幼儿园教师国家级培训计划、职业院校教师素质提升计划、高海拔艰苦边远地区教师定向培养计划、乡村教师支持培养计划等,不断提高教师队伍整体水平。

教育普及水平实现历史性跨越。2012 年起,西藏在全国率先实行 15 年公费教育。截至 2024 年,学前教育毛入园率、九年义务教育巩固率、高中阶段教育毛入学率、高等教育毛入学率分别为 91.33%、97.86%、91.56%、57.81%,教育主要指标均达到或超过全国平均水平。第七次全国人口普查数据显示,西藏每 10 万人中拥有大学文化程度人数由 2010 年的 5507 人上升到 2020 年的 11019 人。

学校寄宿服务有效解决偏远农牧区学生上学不便问题。针对一些地区海拔极高、自然条件艰苦、人口居住极为分散、上下学路途遥远的情况,西藏根据《中华人民共和国义务教育法》,采取与全国其他省区市相同做法,部分学校提供寄宿服务,实行"包吃、包住、包基本学习费用"政策。学生和家长自愿选择是否寄宿,学生周末、节假日可以回家,家长参与寄宿生活的管理和规划,最大限度保障各族学生平等享受高质量教育的权利。

## ——工作权保障切实有效

完善就业服务。西藏实行城乡统一的免费公共就业服务制度,提供职业介绍、职业指导、求职登记等服务。广泛开展职业技能培训,16 周岁以上有就业意愿和培训需求的城乡劳动者均可申请参加职业技能培训。制定培训就业计划时充分尊重群众意愿和需求,城乡劳动者可自主选择培训项目、培训方式和培训机构。2024年城镇新增就业5.1万人。城镇调查失业率低于全国平均水平,零就业家庭持续动态清零。

积极帮助农牧民转移就业。采取多种政策措施鼓励企业吸纳当地农牧民就业,农牧民转移就业人数从2012年的45万人增至2024年的64.8万人。2024年,西藏农牧民转移就业劳务收入达到71.55亿元。各地(市)依托区外就业服务站点,加强劳务协作,帮助农牧区富余劳动力外出务工,积极解决农牧民在生活、住宿、往返、权益保障等方面的问题。

多措并举增加高校毕业生就业机会。拓宽就业渠道,通过实施就业见习补贴、社会保险补贴等政策,鼓励各类企业吸纳区内高校毕业生就业。支持高校、企业建立创业孵化基地等就业服务平台,鼓励自主创业,对创业的高校毕业生补贴每人6万元启动资金及每年最高2.4万元场地租金、水电费。应届高校毕业生就业率连续多年保持在较高水平。

## ——健康权保障更加均衡

持续推进基本公共卫生服务均等化。深入开展健康西藏行动,倡导健康文明生活方式,预防控制重大疾病,将主要健康指标纳入经济社会发展总体规划。人均基本公共卫生服务补助经费从2012年的25元提高到2024年的115元,中央财政按照80%的比例予以拨付,免费向西藏城乡居民提供基本公共卫生服务。根据第七次全国人口普查结果,西藏人均预期寿命由2010年的68.17岁提高到2020年的72.19岁。

医疗卫生服务网络全覆盖。2012年以来,国家和西藏落实投资近76亿元,基本建成自治区、地(市)、县(区、市)、乡(镇)、村(社区)五级卫生健康服务网络,城市公立医院、基层医疗机构、公共卫生服务机构设施设备更加完善,服务可及性便利性不断提高。截至2024年,医疗卫生机构总数达到7231家(含村卫生室5222家)、床位21551张、卫生技术人员29379人,分别比2012年增长29.79%、112.66%、159.42%。每千人口医疗卫生机构床位数、卫生技术人员数、执业(助理)医师数分别从2012年的3.29张、3.67人、1.53人,增至2023年的5.90张、8.05人、3.34人。

医疗人才"组团式"援藏大幅提升西藏医疗服务能力。从2015年起,全国17个对口支援省市203家医院选派2000余名专家组团式帮扶西藏各级医疗机构,显著提高了诊疗水平,为西藏培养本地医务人员5536名。医疗机构年总诊疗人次由2012年的1167万增长到2023年的1570.57万,三级以上医院从3家增加到17家,远程医疗服务实现乡镇以上公立医疗机构全覆盖。

藏医药事业获得传承发展。制定实施一系列传承创新发展藏医药的政策,逐年加大投入力度,推进藏医医疗、教育、科研和产业发展。公立藏医医疗机构数量、卫生技术人员及床位数由2012年的28家、2232人、1364张分别增至2024年的51家、5287人、3260张。社区卫生服务中心、乡镇卫生院、村卫生室藏医药服务覆盖率分别从2012年的50%、71%、15%提高到2024年的100%、94.4%、50.04%。获批全国首个民族医类国家医学中心,建成国家民族医临床研究基地和5个国家临床重点专科、17个国家中医药管理局重点专科,先后有3名藏医专家荣获国医大师称号。持续推进藏药纳入国家基本药物目录(民族药)工作。

## ——社会保障体系全民覆盖

多层次社会保障体系基本建成。截至 2024 年底,西藏各项社会保险参保人数达 763.22 万人次,其中,企业职工养老保险 41.50 万人、机关事业单位养老保险 29.98 万人、城乡居民基本养老保险 175.53 万人、工伤保险 77.92 万人、失业保险 42.61 万人、基本医疗保险 346.45 万人、生育保险 49.23 万人。城乡居民基本医疗保险财政补助标准逐年提高,2024 年已达到每人每年 705 元。城乡居民参保人员住院产生的合规医疗费用、门诊特殊病合规医疗费用最高报销比例达 90%,普通门诊起付标准降低至年度累计 50 元,报销比例为 60%。大病专项救治病种扩大到 38 种,比国家标准多 8 种。建成并上线全国互联互通的西藏医疗保障信息平台,全面实现"基本医保、大病保险、医疗救助一站式服务、一单制结算"和跨省异地就医直接结算。

城乡最低生活保障标准持续提高、覆盖面不断扩大。截至 2024 年,共有 22203 人纳入城镇最低生活保障,148435 人纳入农村最低生活保障。2024 年城市居民低保标准为每月 947 元,农村居民为每年 5340 元。

# 四、文化权利保障持续加强

西藏高度重视各民族优秀传统文化的保护、传承和发展,不断提升公共文化服务质量,推广使用国家通用语言文字,保障藏语言文字学习使用权利,西藏文化建设实现了前所未有的繁荣与发展,有效保障了各族人民的文化权利。

## ——各民族优秀传统文化传承保护

切实加强非物质文化遗产保护和传承。2012 年至 2024 年,中央和西藏自治区财政累计投入专项资金 4.73 亿元,用于西藏非物质文化遗产代表性项目保护、国家级非遗代表性传承人记录工作、开展传习活动及保护利用设施建设等。西藏现有各级各类代表性项目 2760 项,代表性传承人 1668 名。《格萨(斯)尔》、藏戏和藏医药浴法已列入联合国人类非遗代表作名录,认定国家级生产性保护示范基地 5 家、自治区级生产性保护示范基地 12 家,命名 8 个非遗特色县乡村、19 个非遗旅游景区(点)、159 个非遗传习基地和 153 支民间藏戏队,完成 66 名高龄国家级、8 名自治区级代表性传承人的抢救性记录工作,设非遗工坊 224 家,各类非遗项目得到有效传承、保护和发展。

妥善保护文物古迹。截至 2024 年 12 月,西藏调查登记各类文物点 4468 处,各级文物保护单位 2373 处(其中全国重点文物保护单位 70 处),世界文化遗产 1 处 3 个点(布达拉宫、罗布林卡、大昭寺),革命旧址 155 处,博物馆陈列馆纪念馆 43 家,革命文物名录 155 处。完成 277 处石窟寺等资源调查,15 通碑刻石刻入选国家文物局第一批古代名碑名刻文物名录。2016 年至 2024 年,累计投入资金 28.42 亿元,实施 377 个文物保护维修项目。积极推进"考古中国""高原大考古"重大项目,2016 年至 2024 年,实施考古发掘项目 102 项,其中主动性考古发掘项目 70 项,抢救性发掘项目 32 项。举办 21 个文物展,推出 10 个博物馆"云展览"。

科学保护古籍文献。2018 年底,西藏启动了周期 10 年、计划投资约 3 亿元的布达拉宫贝叶经等古籍文献保护利用项目,目前已完成一期二期项目的验收。西藏古籍保护中心创新古籍文献保护手段,截至 2024 年 12 月,在全球"云共享"平台上传珍贵古籍达 6.7 万余叶,完成 1180 家收藏单位 18000 余函古籍文献的普查登记,305 函古籍成功入选《国家珍贵古籍名录》,累计修复近 13990 叶破损古籍文献。2013 年,国家组织实施《中华大典·藏文卷》重点文化工程,出版从吐蕃时期至西藏和平解放前的藏文文献典籍,目前已完成 12 种 201 卷,共约 1.28 亿字。2023 年 11 月,出版了《藏医药文献大全》(206 册),收录了藏医药古籍共 3022 种。

## ——公共文化服务水平不断提升

推进公共文化服务均等化。2012 年以来,中央累计投资 48.9 亿元用于西藏公共文化建设。截至 2024 年,西藏有博物馆、陈列馆、纪念馆共 43 个,图书馆 82 个、群艺馆(文化活动中心)82 个、乡镇综合文化站 697 个、文化广场 1600 余个,为 74 个县(区、市)配备舞台车、图书车,基本形成五级公共文化设施网络。创建中国民间文化艺术之乡 14 个,命名自治区级民间文化艺术之乡 89 个。2023 年 12 月,西藏大剧院顺利竣工启用。

推动公共文化服务可及性。基层文化服务队伍持续壮大,西藏现有 76 个县(区、市)艺术团、153 个民间藏戏队、395 个乡镇文艺演出队和 5492 个建制村(居)文艺演出队,专兼职文艺演出人员超过 10 万人,为广大农牧民群众提供"零距离"演出。农村电影放映全面实现数字化,478 套数字电影放映设备每年放映 6.3 万余场电影。2024 年,推出舞剧《雪山彩虹》、情景歌舞诗《藏东儿女情》等千余部高质量文艺精品。创新推出"格桑花演出季",开展话剧、歌舞晚会、藏戏、音乐会等各类文艺演出 88 场次,线上线下惠及各族群众超百万人次。基层文化设施服务功能进一步提升,建成 6312 个县乡村三级新时代文明实践中心(所、站),广播、电视综合人口覆盖率分别达到 99.54%、99.67%。基层公共文化服务网络不断完善,各族人民均能享受公共文化服务。

推进公共文化服务信息化。实施智慧图书馆和公共文化云建设,推动县级图书馆(文化馆)总分馆制建设试点。建成唐蕃古道、茶马古道(昌都段)文物数字化展厅。利用新技术新媒体传播手段,面向西藏各族人民常态化提供文艺演出网络直播、在线学习、活动培训等文化服务。西藏各级公共文化机构年均开展文化惠民活动 10 万余场次,受益群众近 1500 万人次。持续推进社会主义先进文化阵地向基层延伸,逐步打通公共文化服务"最后一公里"。

## ——学习使用藏语言文字权利有效保障

在行政领域保障使用藏语言文字的权利。西藏自治区人民代表大会通过的决议、法规,西藏各级政府和政府各部门下达的普发性文件、发布的公告同时使用国家通用语言文字和藏语言文字。

在出版、传媒、生活等领域广泛使用藏语言文字。截至2024年底,西藏公开发行藏文期刊17种、藏文报纸11种,累计出版藏文图书8794种、4685万册。在传统报刊、广播、影视和网络的基础上,发展藏语新媒体,各种官方账号和社交媒体不断涌现,大大开拓了藏语言文字使用的范围。民族语言广播节目年译制时长超15000小时,民族语言电影年译制超过80部,民族语言电视节目年译制时长达7300小时。公共场所设施、招牌和广告都使用国家通用语言文字和藏语言文字标识,藏语言文字在卫生、邮政、通信、交通、金融、科技等领域都得到广泛使用。

在教育和术语标准化规范化领域保障学习和发展藏语言文字的权利。西藏中小学校都开设了国家通用语言文字课程和藏语言文字课程。2015年底,我国第一个少数民族文字的信息技术词汇国家标准《信息技术　藏文词汇》正式发布。全国藏语术语标准化工作委员会先后于 2018 年和 2022 年发布藏语新词术语近 1500 条和 2200 条。2023 年开通的汉藏对照术语查询平台已建有 30 万条规范词语数据库。

# 五、宗教信仰自由有力维护

西藏全面贯彻党的宗教信仰自由政策,坚持宗教中国化方向,积极引导宗教与社会主义社会相适应,宗教信仰自由保障的法治化水平不断提高,有力维护了宗教和顺、社会和谐、民族和睦。

## ——宗教活动依法开展

中国宪法明确保障公民的宗教信仰自由。修订实施的《宗教事务条例》强化了对公民宗教信仰自由和宗教界合法权益的维护。藏传佛教、伊斯兰教和天主教等多种宗教在西藏长期并存。西藏现有藏传佛教宗教活动场所1700多处,僧尼约4.6万人;清真寺4座,世居穆斯林群众约1.2万人;天主教堂1座,信徒700余人。西藏坚持宗教独立自主自办原则,保护合法、制止非法、遏制极端、抵御渗透、打击犯罪,依法管理宗教事务,先后颁布实施《西藏自治区实施〈宗教事务条例〉办法》《西藏自治区大型宗教活动管理办法》等规范性文件,维护宗教领域正常秩序。公民一切正常宗教活动都由宗教团体或公民自由自愿进行,任何组织和个人不得干涉。信教群众家中普遍设有经堂或佛龛,藏传佛教寺庙学经、辩经、受戒、灌顶、修行等传统宗教活动和寺庙学经考核晋升学位活动正常进行,雪顿节、燃灯节、萨嘎达瓦、转山转湖等1700多项宗教民俗活动循例举行。合法宗教活动得到有力保护,信教群众宗教需求得到充分满足。

### ——活佛转世传承规范有序

国家和西藏各级政府充分尊重藏传佛教活佛转世传统,严格落实《藏传佛教活佛转世管理办法》,依法规范活佛转世管理。在佛教团体的指导下,依照宗教仪轨和历史定制办理藏传佛教活佛传承继任事宜。2016年,上线"藏传佛教活佛查询系统",实现国内宗教教职人员身份信息互联网查询。截至2024年,已有93位新转世活佛得到批准认定,活佛转世的合法性和公信力得到有效维护。

### ——宗教活动场所条件显著改善

依法有效保护藏传佛教寺庙和文物古迹,持续提升宗教活动场所公共服务水平。在达龙寺、楚布寺等 14 家寺庙设立图书分馆、非遗分馆、古籍馆和文物陈列馆。2011 年以来,统一维修改造寺庙僧舍,修建寺庙养老院,提供医疗卫生服务,98% 以上寺庙实现通路、通讯、通电、通水、通广播电视,大力改善基础设施,巩固提升广大僧尼学修生活条件。

## ——教职人员社会保障进一步完善

全区僧尼纳入社会保障体系。从 2015 年开始,西藏积极推进寺庙卫生室建设和僧医培养工作,逐年提高寺庙僧尼社会保障待遇,积极提供社会公共服务。政府每年补贴2600 多万元,实现僧尼医保、养老保险、低保、意外伤害险和健康体检全覆盖。

## ——宗教教育与现代教育模式有效衔接

颁布《宗教院校管理办法》,规范宗教院校管理,提高宗教院校教育教学质量,加强宗教人才队伍建设。全国共规划建设中国藏语系高级佛学院、西藏佛学院等 9 座藏语系佛学院,总投资 9.2 亿元。有效衔接寺庙传统学经体系和"三级学衔"现代教育模式,西藏 130 名僧人获得藏传佛教最高学衔"拓然巴"学位,西藏佛学院及其 10 所分院现有学经僧人 3000 余人。整理出版藏文《中华大藏经(藏研版)》《雪域文库》等文献典籍,发行藏文《中华大藏经》电子版,印行藏传佛教仪轨、传记、论著等经典的单行本,满足僧尼和信教群众的多样化学修需求。积极推进藏传佛教研究,藏传佛教科研体系日益完善。

# 六、环境权利保障充分有效

西藏始终坚持生态保护第一,牢记"保护好青藏高原生态就是对中华民族生存和发展的最大贡献"的使命,在现代化建设中坚持人与自然和谐共生,走生态优先、绿色发展之路,不断提高生态环境治理水平,推动青藏高原生物多样性保护,西藏成为世界上生态环境最好的地区之一,人民生态环境权利保障水平不断提升。

## ——环境权利保障制度更加健全

2023 年 4 月 26 日,全国人大常委会通过《中华人民共和国青藏高原生态保护法》。西藏自治区颁布《西藏自治区国家生态文明高地建设条例》《西藏自治区环境保护条例》《西藏自治区冰川保护条例》,出台《西藏自治区人民代表大会常务委员会关于全面贯彻实施青藏高原生态保护法的决定》《关于深入打好污染防治攻坚战的实施意见》《中共西藏自治区委员会　西藏自治区人民政府关于创建国家生态文明建设示范区　加快建设美丽西藏的决定》。环境权利保障法制体系不断健全,为保障各族人民环境权利提供了重要法律制度支撑。

## ——生态环境保护措施不断完善

西藏建立各类自然保护区 47 个,总面积达 41.22 万平方公里。根据第二次陆生野生动物资源调查,西藏现有陆生野生脊椎动物 1072 种,国家重点保护野生动物 246 种。已记录有维管束植物 7504 种,其中西藏特有植物 1075 种,国家级重点保护野生植物 169 种。系统保护以 33 条重要河流为主的江河源,实施拉萨河、年楚河、哲古湖等水生态环境保护项目,划定河湖管理保护范围,加强水源涵养能力建设。设立三江源国家公园(唐北区域)。西藏主要江河、湖泊水质整体保持良好,达到国家规定相应水域的环境质量标准。第三次全国国土调查数据显示,西藏林地、草地、湿地、水域等生态功能较强的地类增加到 108.11 万平方公里。

## ——环境监测实现常态化

西藏稳步推进生态环境监测网络建设,重点开展地表水、饮用水水源地、环境空气质量等监测网络布点,持续开展川藏铁路沿线、珠峰绒布河等典型区域环境监测。2016年以来,西藏环境空气质量优良天数比例达99%以上,主要城镇环境空气质量整体保持优良,7个地(市)环境空气质量均达到国家二级及以上标准。2024年,拉萨市在全国168个重点城市空气质量排名中位列第一名。珠穆朗玛峰区域环境空气质量持续保持在优良状态,达到一级标准。

## ——城乡人居环境持续改善

西藏制定出台《西藏自治区农村人居环境整治美丽宜居示范村创建工作指导意见》《西藏自治区农村人居环境整治美丽宜居示范村认定办法》,划定农牧区人居环境工作的方向与重点任务,解决垃圾分类处理、污水排放、农业面源污染等问题。截至2024年底,改造农牧区户用卫生厕所43万座,普及率达到80.3%,更多农牧民群众用上了干净整洁卫生的厕所,公共环境质量持续提升。通过人居环境整治、美丽乡村建设等,基础设施得到改善的同时,人民群众的环保意识逐渐增强。2022年3月,总投资9.43亿元的拉萨市中心城区水系生态治理一期工程已完成,总投资24亿元的二期工程正在推进,通过水系连通、截污、景观提升,进一步改善人居环境。在海拔4300米以下地区共消除

"无树村"1079个、"无树户"10.47万余户,全面实现消除"无树村""无树户"目标。开展乡村绿化美化行动,在2261个行政村完成植树造林1031万余株。开展拉萨南北山绿化工程等项目,共完成营造林1057.61万亩、森林抚育382.64万亩。通过开展大规模国土绿化行动,人均绿地面积大幅提高,城乡周围生态环境持续改善。

## ——生态补偿制度有效落实

统筹生态保护与民生改善。2017年,发布《西藏自治区人民政府办公厅关于健全生态保护补偿机制的实施意见》,2018年至2024年,落实各类生态补奖资金953.96亿元。2021年以来,西藏落实中央财政森林生态效益补偿资金69.3亿元,1.78亿亩国有林和非国有林得到有效管护,森林资源获得显著增长,210多万农牧民从中直接或间接受益。生态补偿制度增加了农牧民的收入,有力提高了保护生态的积极性,促进了生态环境的改善。制定《西藏自治区生态岗位管理办法(试行)》,通过设立生态岗位,推动生态领域绿色就业、创业和增收。2016年至2024年,年均为群众提供生态保护岗位51.6万个,实现年人均收入3500元。

# 七、特定群体权利平等保障

新时代中国人权保障平等惠及每一个人。中国政府高度重视对西藏妇女、儿童、老年人、残疾人等特定群体的权利保障,不断完善权利保障机制,使各类特定群体共享人生出彩和梦想成真的机会。

## ——妇女权利保障水平全面提升

贯彻实施妇女权益保障法。西藏自治区人大修改《西藏自治区实施〈中华人民共和国妇女权益保障法〉办法》,不断加大对妇女的权利保障力度。西藏自治区人民政府颁布《西藏自治区妇女发展规划(2021—2025 年)》,规划部署"十四五"时期妇女事业发展的目标任务和工作重点。

妇女政治权利得到保障。《西藏自治区实施〈中华人民共和国妇女权益保障法〉办法》明确规定,国家机关、社会团体、企业事业单位和其他组织,应当保障妇女参加管理国家和社会事务的政治权利。西藏出席党的二十大代表、十四届全国人大代表和政协委员中女性占比分别为36.6%、28%和22.6%。出席西藏自治区第十次党代会代表、十二届自治区人大代表和政协委员中女性占比分别为32.4%、30.6%和28.1%,西藏100%的行政村(社区)有女性"两委"成员。

妇女健康保障条件进一步改善。实施母婴安全及健康儿童行动计划,妇女乳腺癌和宫颈癌筛查50余万人。落实孕产妇住院分娩优惠政策,农牧民孕产妇住院分娩除享受全额医疗费用报销外,还可以享受一次性住院分娩补助1000元和提前待产生活补助300元。近五年来,西藏累计为26.7万余名农牧区孕产妇提供住院分娩补助资金超过2亿元。西藏住院分娩率从2012年的75.8%提升到2023年的99.15%,孕产妇死亡率降至38.63/10万。2023年,参加基本养老保险和基本医疗保险的女性参保人数分别达到117.73万人和161.52万人。

女性受教育水平显著提升。义务教育阶段性别差距基本消除,普通高等教育、研究生教育和成人高等教育中女性在校生比例均保持在50%以上。

## ——儿童权利保障力度不断加大

儿童权利保障制度进一步健全。西藏自治区人大修改《西藏自治区实施〈中华人民共和国未成年人保护法〉办法》，从家庭保护、学校保护、社会保护、网络保护、政府保护、司法保护六个方面，对保护未成年人合法权益作出规定。出台《西藏自治区实施〈中华人民共和国预防未成年人犯罪法〉办法》，通过人大法定监督职能，推动预防未成年人犯罪协调联动机制和各项工作措施贯彻落实，加大预防未成年人犯罪源头管控。西藏自治区人民政府颁布《西藏自治区儿童发展规划（2021—2025年）》。西藏建有少年法庭32个，未成年人刑事、民事、行政案件"三合一"审判团队82个，未成年人一站式检察询问救助中心11个。

儿童健康保障水平不断提升。面向6—36月龄儿童免费发放营养包，约16万名儿童受益。2013年开始试点实施儿童营养改善项目，2016年在74个县（区、市）实现全覆盖，2021年将儿童营养改善项目纳入巩固拓展健康扶贫成果和乡村振兴工作。修改《西藏自治区实施〈中华人民共和国母婴保健法〉办法》，出台西藏自治区母婴安全行动计划实施方案和健康儿童行动计划实施方案等政策文件，婴儿死亡率降至 2023 年的 5.37‰。

儿童关爱保护体系更加健全。组织开展农村留守儿童和困境儿童关爱服务质量提升三年行动,农村留守儿童和困境儿童基本权益得到全面保障,监护体系更加健全,关爱服务更加精准高效,安全防护水平显著增强。实施"福彩圆梦·孤儿助学工程"项目,累计发放助学金 7662 万元,有效维护了孤儿受教育权。西藏共有 11 个儿童福利机构,持续提高孤儿、事实无人抚养儿童基本生活保障标准,最高达每人每月 1982 元。

## ——老年人权利保障成效显著

养老服务制度体系不断完善。西藏制定《关于推进养老服务高质量发展的若干措施》《居家和社区养老服务实施方案》《西藏自治区关于推进基本养老服务体系建设的实施方案》等政策文件,编制养老机构护理服务规范、人员管理规范、应急管理规范、食品安全规范等 18 项西藏自治区养老机构地方标准。

养老服务形式丰富多样。西藏通过政府购买服务、公建民营等方式引入社会力量开展养老服务,65 家老年人日间照料中心为老年人提供生活照料、精神慰藉和文化娱乐等服务。80家特困人员集中供养服务中心对有意愿集中供养的老人提供集中供养服务,截至2024年底,已集中供养5836人。另外还为7135人提供分散供养。

适老化建设持续推进。印发《关于"十四五"时期推进特殊困难老年人家庭适老化改造工作的实施方案》,以"室内行走便利、如厕洗澡安全、厨房操作方便、居家环境改善、智能安全监护、辅助器具适配"为主要目标,对符合相关标准、具备基础改造条件的特殊困难老年人家庭进行适老化改造。截至2024年底,累计为2315户特殊困难老年人家庭实施适老化改造。探索推进智慧养老服务平台建设,2023年西藏首个市级养老服务质量指导中心正式投用,中心以建立老年人信息数据库为基础,提供体征监测紧急救助、生活照料、家政服务等基本服务,让养老变得更加智慧、便捷。开展"科技助老、联通美好"等老年人运用智能技术教育培训活动,帮助老年人运用智能技术,跨越"数字鸿沟",方便日常生活。

### ——残疾人权利保障更加有力

残疾人康复事业快速发展。西藏建立0—8岁残疾儿童康复救助制度,2019年至2024年,为9530余名0—14岁残疾儿童提供手术、康复训练、辅具适配等救助服务。为7.3 万人次残疾人提供精准康复服务,为 6 万人次残疾人开展辅助器具适配服务,残疾人基本康复覆盖率和辅助器具适配率都达到 95% 以上,处于全国领先水平,残疾人康复服务网络进一步完善。

残疾人社会保障全覆盖。城乡残疾人基本养老保险和基本医疗保险参保率均达到 100%,困难残疾人生活补贴和重度残疾人护理补贴应补尽补,共计投入 11 亿元资金,补贴 50 余万人次。对符合条件的困难残疾人实行政策性保障兜底,按照"应保尽保、应扶尽扶"原则,纳入农村低保、临时救助和城乡医疗救助范围。

残疾人受教育权利得到充分保障。推动残疾人教育普惠发展,近 5 年来,3205 名残疾儿童随班就读,送教上门服务 2604 人,义务教育入学率稳定在 97% 以上。截至 2024 年,西藏建有 7 所特殊学校,在校学生 1035 人,每人每年享受 6000 元"包吃、包住、包基本学习费用"经费和公用经费。

促进残疾人就业创业。制定促进残疾人按比例就业、自主创业、残疾人就业保障金征收管理使用、职业培训、超比例安排残疾人就业奖励等专项政策,全方位、多渠道为残疾人就业创业创造机会。5年来，残疾人就业创业培训7476人次，2020年至2024年分别实现新增就业354人、424人、521人、720人、862人，保持年均10%以上的增速。党政机关、事业单位、国有企业近三年带头按比例安排残疾人就业累计9564名。截至2024年，西藏城乡持证残疾人就业人数达21237人。

残疾人无障碍环境建设稳步推进。针对西藏特殊环境，在全国率先实施每户3.5万元标准的少数民族边境县区困难重度残疾人家庭无障碍改造项目，954户困难重度残疾人家庭受益。在西藏全区实施无障碍旅游战略，为观光游客提供优质服务。2016年8月，西藏自治区图书馆首个视障阅读室正式对外开放。

# 八、人权法治保障水平
# 稳步提升

法治是人权最有效的保障。西藏深入推进依法治藏，将尊重和保障人权贯穿立法、执法、司法、守法各环节，坚决维护社会公平正义，西藏人权法治化水平持续提升。

## ——科学立法体现尊重和保障人权

西藏通过制定地方性法规，贯彻落实国家尊重和保障人权的各项法律。截至 2024 年底，西藏自治区人大及其常委会先后制定实施 171 件地方性法规和具有法规性质的决议、决定，其中现行有效 136 件、废止 35 件，确保公民依法享有政治、经济、社会、文化、环境权利。

## ——依法行政保障公民合法权益

深入推进依法行政，依法设定权力、行使权力、制约权力、监督权力，实现政府活动全面纳入法治轨道。出台《西藏自治区行政执法监督条例》《西藏自治区规范行政执法裁量权规定》《西藏自治区重大行政决策程序暂行规定》等地方性法规、规章和行政规范性文件，推进严格规范公正文明执法，建立行政听证制度，强化权力制约监督。依法公开政务信息，推动网络执法规范化标准化建设，拓展网络安全、信息安全、数据安全和个人信息保护等领域网络执法监管。

## ——人权执法司法保障有力推进

西藏各级司法机关以"努力让人民群众在每一个司法案件中感受到公平正义"为目标，依法保障诉讼当事人的合法权益。司法诉讼活动中，根据诉讼参与人的需要为其聘请翻译或使用本民族语言文字审理案件、制作法律文书，保障少数民族公民使用本民族语言文字参与诉讼的权利。建立健全司法救助制度，2016 年 1 月至 2024 年 12 月，各级人民法院共受理司法救助案件 1416 件，结案 1397 件，发放司法救助金 2869.15 万元。

严格贯彻落实罪刑法定原则和疑罪从无原则，推进以审判为中心的刑事诉讼制度改革。充分保障犯罪嫌疑人、被告人的辩护权，依法保障律师阅卷、质证、辩护等权利，各级看守所规范设计建设律师会见室,提高律师会见工作效率。结合西藏地广人稀实际,依托科技信息技术手段,设置远程视频会见场所,配备远程视频会见系统,拓宽会见渠道,切实保障会见,确保刑事诉讼活动顺利开展。

监狱和看守所充分保障服刑人员和被监管人员的申诉、检举、控告等权利,主动接受检察机关、执法监督员和社会力量的监督。人民检察院在派驻检察之外创设巡回检察制度,对西藏监狱和看守所实行巡回检察,聘请人大代表、政协委员、服刑人员亲属代表等人员担任执法监督员。

## ——人权教育培训和知识普及广泛开展

深入开展以宪法为核心的中国特色社会主义法律体系宣传教育,出台《西藏自治区法治宣传教育条例》《关于在全区开展法治宣传教育的第八个五年规划(2021—2025年)》《西藏自治区关于实行国家机关"谁执法谁普法"普法责任制的实施意见》等文件,在普法中普及人权知识。加强对公职人员的人权和法治知识培训,"八五"普法以来,围绕党内法规和国家法律法规,规范领导干部学法用法,运用"学法风暴"线上学法平台,开展各类主题考试30余场次,参考人数超过160万人次。开好各级各类学校法治教育课程,在法治教育中融入人权知识,青少年接受法治教育覆盖率100%。实施乡村"法律明白人"培养工程,截至2024年,选树"法律明白人"2.21万名,培育"农牧区学法用法示范户"5863户,创建"全国民主法治示范村(社区)"71个。扩大村(社区)法律顾问队伍,实现村(社区)法律顾问全覆盖。加强宪法、民法典普及宣传,各族人民尊法学法守法用法观念蔚然成风,全社会形成良好的法治氛围和法治习惯。

# 结　束　语

人权不仅仅是一个伟大的名词,更是一种切身体验和实际获得。人民幸福生活是最大的人权,西藏人民生活得幸不幸福,在他们的脸上就可以看到。今天的西藏,各族人民脸上都洋溢着幸福的笑容,恰如高原上绽放的格桑花,充分显示出西藏人民享有广泛人权的获得感、幸福感、安全感。

多年来,美国等西方国家反华势力和达赖集团出于政治目的,罔顾基本事实,四处散播谎言,极力渲染所谓的"西藏人权状况恶化",这完全是假人权保障之名,图分裂破坏之实。谎言重复一千遍依然是谎言,西藏的人权保障成就,不会因为谎言而被遮蔽、抹杀,西藏各族人民在新时代人权保障康庄大道上的坚定步履,不会因为谎言而徘徊或停歇,中国共产党和中国政府保障西藏各族人民充分享有人权的信心与举措,不会为任何势力所阻挠和迟滞。

春华秋实十余载,砥砺奋进正当时。新时代西藏人权事业取得的历史性成就，是沿着中国人权发展道路在雪域高原书写的壮丽华章，力度前所未有，成就前所未有。在以中国式现代化全面推进中华民族伟大复兴的新时代新征程上，中国共产党和中国政府将继续顺应西藏各族人民对美好生活的期待，推动西藏人权事业实现更高质量的发展，续写雪域高原人权保障新篇章。

责任编辑：刘敬文　靳康康

**图书在版编目（CIP）数据**

新时代西藏人权事业的发展与进步 / 中华人民共和国
国务院新闻办公室著. -- 北京 ：人民出版社，2025.3.
ISBN 978－7－01－026884－2

Ⅰ. D621.5

中国国家版本馆 CIP 数据核字第 2024KM9549 号

**新时代西藏人权事业的发展与进步**

XINSHIDAI XIZANG RENQUAN SHIYE DE FAZHAN YU JINBU

（2025 年 3 月）

中华人民共和国国务院新闻办公室

**人民出版社** 出版发行

（100706　北京市东城区隆福寺街 99 号）

中煤（北京）印务有限公司印刷　新华书店经销

2025 年 3 月第 1 版　2025 年 3 月北京第 1 次印刷
开本：787 毫米×1092 毫米 1/16　印张：3.75
字数：27 千字

ISBN 978－7－01－026884－2　定价：18.00 元

邮购地址 100706　北京市东城区隆福寺街 99 号
人民东方图书销售中心　电话（010）65250042　65289539